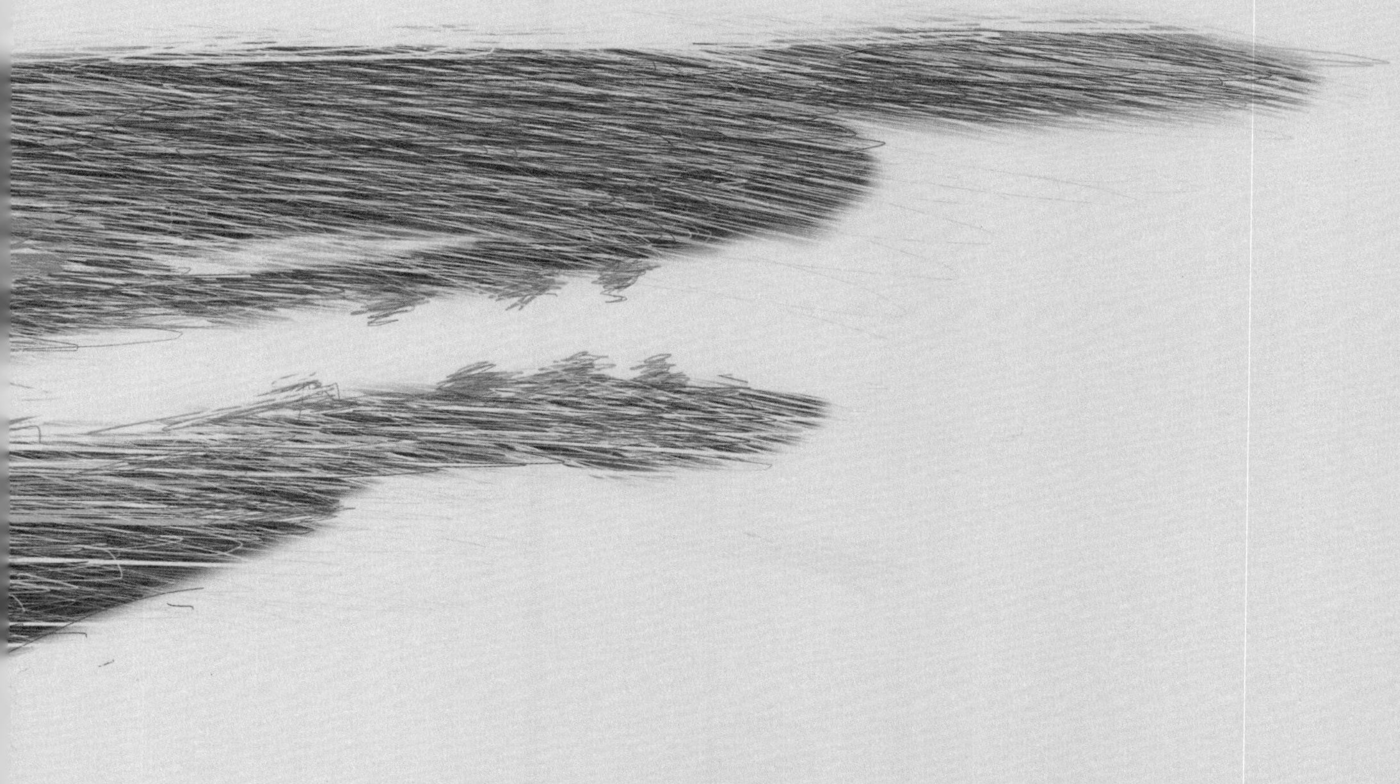

Collection Albums jeunesse

Déjà parus

Madame Hortense,
Heinz Janisch, Helga Bansch

Dans le silence de la nuit
Antonio Ventura, Teresa Novoa

Une maison au bord de la mer
Heinz Janisch, Helga Bansch

Charivari chez les souris
Helga Bansch

C'est loin la Norvège, demande le bonhomme de neige ?
Mira Lobe, Winfried Opgenoorth

L'oiseau-lire
Joel Franz Rosell, Vanessa Hié

La grenouille qui voulait voir la Terre d'en haut
Nadia Gypteau, Soisem

Les 4 saisons de Loup
Philippe Jalbert

Le pied marin
Emmanuel Trédez, Stéphane Girel

Du même auteur :

Le Croque-chansons, éditions Belin, 2009

Maquette : B.System

ISBN 978-2-7011-5333-9

Loi 49-956 du 16 juillet 1949 sur les publications destinées à la jeunesse

Imprimé en France par Pollina S.A. - 85400 Luçon

N° d'édition : 005333-01 - N° d'imprimeur : L54998

Dépôt légal : septembre 2010

Corinne Albaut
Pierre-Emmanuel Dequest

J'ai peur du gris qui me suit

Pour Marjolaine
C.A.

Belin

Valentine s'arrête net devant le mur. Quelle est cette chose étrange devant elle ? C'est la première fois qu'elle la voit. Cela ressemble à un fantôme, sans bouche, sans yeux, sans nez, mais ça ne peut pas être un fantôme.

C'est une forme grise,
et les fantômes sont blancs,
tout le monde le sait.
De plus, on est en pleine
journée, il fait grand soleil.
Les fantômes ne sortent
que la nuit, tout le monde
le dit. La forme est
collée contre le mur,
face à elle, et Valentine
n'ose plus bouger.
Elle reste là, debout,
le cœur battant.

Soudain, elle prend ses jambes à son cou et se met à courir jusqu'à la maison, où elle arrive à bout de souffle, toute pâle.

– Valentine, que se passe-t-il ? s'inquiète sa maman.

– Rien, j'ai couru juste pour m'amuser !

Valentine file dans sa chambre, attrape Bleunours qui dort sur le lit et lui raconte son aventure.
– Bleunours, j'ai vu quelqu'un de bizarre dans la rue. Je ne sais pas qui c'est, il n'a pas de visage. C'est peut-être un extraterrestre ?

Le lendemain, Valentine prend son courage à deux mains et se rend au même endroit, pour voir si la chose est toujours là.

Le mur est tout blanc, normal. Elle est soulagée mais un peu déçue. Elle adore les histoires, et l'idée que quelque chose de fantastique arrive dans sa vie ne lui déplaît pas.

Elle traverse la rue pour retourner chez elle par l'autre côté, et là, surprise ! La chose arrive en même temps qu'elle sur le mur d'en face.
Valentine sursaute. Cette fois, c'est sûr, elle ne rêve pas, quelqu'un la suit.

Effrayée, elle se sauve très vite pour aller tout raconter à Bleunours.

– Je l'ai vu, je l'ai vu ! Il me surveille. Il sait où j'habite et où je vais.

Elle serre la peluche dans ses bras :

– J'ai peur, Bleunours, souffle-t-elle.

Qui ça peut bien être ?

La curiosité est plus forte que la peur et le jour suivant, Valentine est bien décidée à revoir le personnage mystérieux et à lui parler. Comme il pleut, elle met ses bottes, son ciré, et sort dans la rue. Elle regarde partout, attend… Rien. Personne.

Elle murmure discrètement « Psst ! vous êtes là ? »
Aucune voix ne répond. Alors elle rentre chez elle, et elle dit à Bleunours en haussant les épaules :
– Je ne l'ai pas vu. Il n'aime pas la pluie.
– L'humeur de ma petite fille est aussi grise que le temps, remarque sa maman.

Valentine s'ennuie. Elle n'a pas envie de jouer. La journée lui semble longue. En fin d'après-midi, sa maman lui demande de l'aider à ranger le salon :

– Nous allons faire une surprise à papa. Il dit toujours que la télévision est du mauvais côté.

Ensemble, elles tirent le téléviseur à l'autre bout de la pièce et poussent le canapé en face.
– Pas mal, constate maman. Il faut aussi changer de place le lampadaire.
Elle retire la prise et va la brancher sur l'autre mur.

C’est alors que Valentine se trouve nez à nez avec la chose grise. Elle ne peut retenir un petit cri.
– Qu’est ce qu’il y a ? s’étonne maman.

– Rien, rien, répond-elle en se précipitant dans sa chambre.
– Bleunours, il est là, dans le salon ! Maman ne l'a pas vu, mais moi, si. J'ai peur. Il me suit partout jusque dans la maison !

Lorsqu'elle est un peu calmée, Valentine réfléchit.
Elle a d'abord vu l'individu dans la rue, une fois le matin, puis une fois l'après-midi, sur l'autre trottoir.

Aujourd'hui, il a plu et elle ne l'a pas vu dehors. Voilà que maintenant il apparaît dans le salon, à l'instant où maman allume la lampe. C'est donc quelqu'un qui aime le soleil et la lumière.

Le lendemain il fait grand beau.
Papa propose à Valentine
de l'accompagner au marché.
Ils marchent tous les deux côte à côte,
entre les bancs de fruits et de légumes,
éblouis par la lumière du soleil
qui brille juste en face d'eux.
– J'aimerais bien avoir des lunettes
noires, dit Valentine.

Juste à ce moment, un bruit de klaxon la fait
se retourner brusquement, et que voit-elle derrière elle ?
La chose grise sur la chaussée. Mais, cette fois,
elle n’est pas seule.

L'être bizarre est accompagné d'un autre, plus grand que lui, qui suit son papa. La fillette s'arrête, perplexe.
– Allons, qu'est ce que tu fais ? Avance ! Nous allons acheter des poires pour faire une tarte.
Valentine ne bouge pas. Elle n'arrive pas à détacher son regard de ces deux formes qui s'étirent sur le sol.

– Papa, regarde, là, par terre… on nous suit… qui est-ce ?
Papa se met à rire :
– Tu parles de nos ombres ? Tu vois, elles sont comme nous, l'une à côté de l'autre, une grande et une petite. Elles nous suivent, mais quand nous marcherons dans l'autre sens, elles avanceront devant nous.

– Nos ombres ? répète Valentine, pensive.
– Eh oui ! Quand nous cachons le soleil, il n'éclaire plus le sol, alors celui-ci reste gris.
– Et c'est pareil avec la lumière ?
– Oui, c'est pareil !

Valentine se met alors à rire, en répétant « nos ombres, nos ombres » comme si ces mots étaient drôles. La chose inquiétante, l'être bizarre, n'était en réalité que son ombre !

La fillette se met à danser, à sauter. L'ombre danse et saute en même temps qu'elle. Comme c'est amusant ! Elle se sent tout à coup légère, légère, et n'en finit plus de gesticuler en chantant.
Papa sourit et se dit qu'il a une drôle de petite fille.

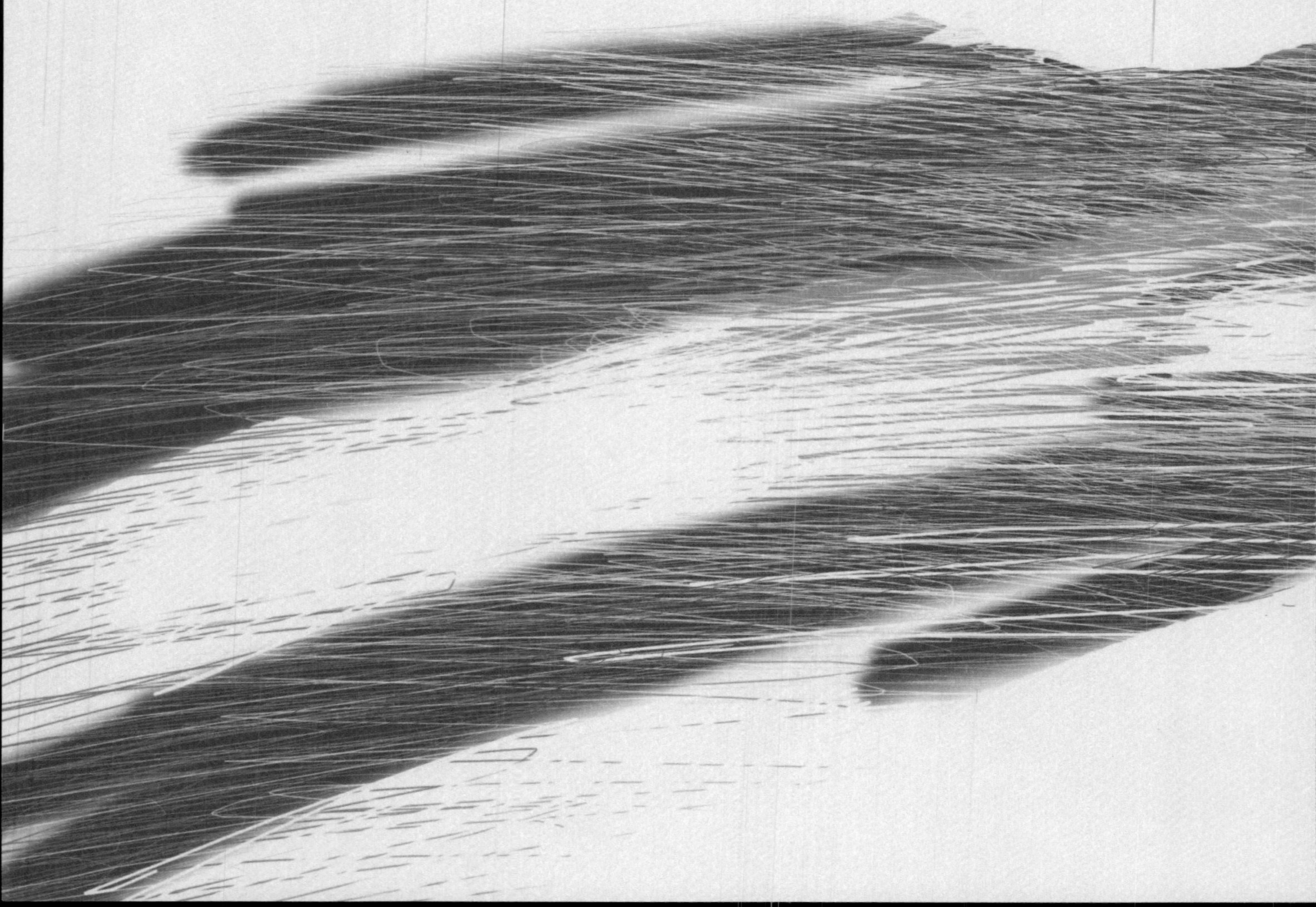